O BÚZIO DE CÓS
e outros poemas

Natal/03

Esta insigne poeta e escritora portuguesa, recebeu este ano o valioso Prémio Rainha Sofia de Espanha pela sua obra e em especial e principalmente a referente às crianças. Foi entregue pela própria Rainha Sofia, ao filho, o jornalista e comentador Miguel Sousa Tavares, dado que a mãe estava doente.

Li estes poemas e achei-os lindos, leves e transparentes como um raio de sol!

Para o Pai um Santo e Feliz Natal e muitas parabéns pelo aniversário.
Os filhos abraços
Conceição e Júlio

Sophia de Mello Breyner Andresen

O BÚZIO DE CÓS
e outros poemas

2.ª edição

O BÚZIO DE CÓS E OUTROS POEMAS
(2.ª edição)
Autora: Sophia de Mello Breyner Andresen
Capa: design gráfico e ilustração de: José Serrão
Revisão: Secção de Revisão da Editorial Caminho
© Editorial Caminho, SA, Lisboa — 1997
Tiragem: 2000 exemplares
Composição: Secção de Composição da Editorial Caminho
Impressão e acabamento: Tipografia Lousanense L.da
Data de impressão: Fevereiro de 1998
Depósito legal n.º 116 009/97
ISBN 972-21-1158-2

GOA

Bela, jovem, toda branca
A vaca tinha longos finos cornos
Afastados como as hastes da cítara
E pintados
Um de azul outro de veemente cor-de-rosa
E um deus adolescente atento e grave a guiava

Passavam os dois junto aos altos coqueiros
E ante a igreja barroca também ela toda branca
E em seu passar luziam
Os múltiplos e austeros sinais da alegria.

Sophia de Mello Breyner Andresen

ARTE POÉTICA

A dicção não implica estar alegre ou triste
Mas dar minha voz à veemência das coisas
E fazer do mundo exterior substância da minha mente
Como quem devora o coração do leão

Olha fita escuta
Atenta para a caçada no quarto penumbroso

O Búzio de Cós

MÉTRICA

O poema clássico compõe seu contraponto olímpico
Entre o fogoso sopro e o vasto espaço da sílaba medida
Inventa a ordem sem lacuna onde nada
Pode ser deslocado ou traduzido

Sophia de Mello Breyner Andresen

O BÚZIO DE CÓS

Este búzio não o encontrei eu própria numa praia
Mas na mediterrânica noite azul e preta
Comprei-o em Cós numa venda junto ao cais
Rente aos mastros baloiçantes dos navios
E comigo trouxe o ressoar dos temporais

Porém nele não oiço
Nem o marulho de Cós nem o de Egina
Mas sim o cântico da longa vasta praia
Atlântica e sagrada
Onde para sempre minha alma foi criada

Junho 95

O Búzio de Cós

FOI NO MAR QUE APRENDI

Foi no mar que aprendi o gosto da forma bela
Ao olhar sem fim o sucessivo
Inchar e desabar da vaga
A bela curva luzidia do seu dorso
O longo espraiar das mãos de espuma

Por isso nos museus da Grécia antiga
Olhando estátuas frisos e colunas
Sempre me aclaro mais leve e mais viva
E respiro melhor como na praia

Sophia de Mello Breyner Andresen

DEUS ESCREVE DIREITO

Deus escreve direito por linhas tortas
E a vida não vive em linha recta
Em cada célula do homem estão inscritas
A cor dos olhos e a argúcia do olhar
O desenho dos ossos e o contorno da boca
Por isso te olhas ao espelho:
E no espelho te buscas para te reconhecer
Porém em cada célula desde o início
Foi inscrito o signo veemente da tua liberdade
Pois foste criado e tens de ser real
Por isso não percas nunca teu fervor mais austero
Tua exigência de ti e por entre
Espelhos deformantes e desastres e desvios
Nem um momento só podes perder
A linha musical do encantamento
Que é teu sol, tua luz, teu alimento

O Búzio de Cós

ERA O TEMPO

Era o tempo das amizades visionárias
Entregues à sombra à luz à penumbra
E ao rumor mais secreto das ramagens
Era o tempo extático das luas
Quando a noite se azulava fabulosa e lenta
Era o tempo do múltiplo desejo e da paixão
Os dias como harpas ressoavam
Era o tempo de oiro das praias luzidias
Quando a fome de tudo se acendia

Sophia de Mello Breyner Andresen

HOMERO

Escrever o poema como um boi lavra o campo
Sem que tropece no metro o pensamento
Sem que nada seja reduzido ou exilado
Sem que nada separe o homem do vivido

O Búzio de Cós

HÉLADE

Colunas erguidas em nome da imanência
— Deuses cruéis como homens vitoriosos

Sophia de Mello Breyner Andresen

GLOSA DE UM TEXTO DE PLUTARCO

Nada mais assustador nada mais sublime
Do que ver os lacedemónios em ordem de combate
Quando avançam para a fúria da batalha
Ao som da flauta

O Búzio de Cós

ODE À MANEIRA DE HORÁCIO

I

Feliz aquela que efabulou o romance
Depois de o ter vivido
A que lavrou a terra e construiu a casa
Mas fiel ao canto estridente das sereias
Amou a errância o caçador e a caçada
E sob o fulgor da noite constelada
À beira da tenda partilhou o vinho e a vida

Sophia de Mello Breyner Andresen

A ACTIVISTA CULTURAL

O passo decidido não acerta com o cismar do
[palácio
O ouvido não ouve a flauta da penumbra
Nem reconhece o silêncio
O pensamento nada sabe dos labirintos do tempo
O olhar toma nota e não vê

O Búzio de Cós

TURISTAS NO MUSEU

Parecem acabrunhados
Estarrecidos lêem na parede o número dos séculos
O seu olhar fica baço
Com as estátuas — como por engano —
Às vezes se cruzam

(Onde o antigo cismar demorado da viagem?)

Cá fora tiram fotografias muito depressa
Como quem se desobriga daquilo tudo
Caminham em rebanho como os animais

Sophia de Mello Breyner Andresen

VARANDAS

É na varanda que os poemas emergem
Quando se azula o rio e brilha
O verde-escuro do cipreste — quando
Sobre as águas se recorta a branca escultura
Quasi oriental quasi marinha
Da torre aérea e branca
E a manhã toda aberta
Se torna irisada e divina
E sobre a página do caderno o poema se alinha

Noutra varanda assim num Setembro de outrora
Que em mil estátuas e roxo azul se prolongava
Amei a vida como coisa sagrada
E a juventude me foi eternidade

O Búzio de Cós

O INFANTE

Aos homens ordenou que navegassem
Sempre mais longe para ver o que havia
E sempre para o sul e que indagassem
O mar, a terra, o vento, a calmaria
Os povos e os astros
E no desconhecido cada dia entrassem

Sophia de Mello Breyner Andresen

GOESA

Tudo era atravessado por um rio de memórias
E brisas subtis e lentas se cruzavam
E enquanto lá fora baloiçavam
Os grandes leques verdes das palmeiras
Uma rapariga descalça como bailarina sagrada
Atravessou o quarto leve e lenta
Num silêncio de guitarra dedilhada

HARPA

A juventude impetuosa do mar invade o quarto
A musa poisa no espaço vazio à contra-luz
As cordas transparentes da harpa

E no espaço vazio dedilha as cordas ressoantes

Sophia de Mello Breyner Andresen

O POEMA E A CASA

Paramos devagar entre paredes brancas
Entre mobílias escuras e as janelas verdes
Um longo instante paramos em frente
Das mil luzes e mil estátuas do poente

À LA MANIÈRE DE

No mundo da arte há muitos saltimbancos
Que voam sem rede e jogam
A virar o mundo de pernas para o ar
Também caminham
Pé ante pé no arame
Equilibrados no fio fino e leve da vara

Eles próprios são leves e finos e recaem
Aéreos sobre a terra e conhecem
As leis abstractas do equilíbrio

O jogo do que é os absorve
Porque o inventam

Sophia de Mello Breyner Andresen

OLHOS

É fácil desenhar olhos que divagam
Pelo quadro todo
Mas só até ao instante em que se tornam
Os que vão à proa do barco

Olho do piloto fito
No real
Atento
À rota nunca recta

O Búzio de Cós

NO MEU PAÍS

As pequenas cidades intensas
Onde o tempo não é dissolvido mas dura
E cada instante ressoa nas paredes da esquina
E o rosto loiro de Laura aflora na janela desencontrada
E o apaixonado de testa obstinada como a de um toiro
Em vão a procura onde ela nunca está
— É aqui que ao passarmos a nossa garganta se aperta
Enquanto um homem alto e magro
Baixando a direito o chapéu largo e escuro
De cima a baixo se descobre
Ao transpor o limiar sagrado da casa

Sophia de Mello Breyner Andresen

ALENTEJO

A pequena povoação as pedras
Da calçada
Os muros brancos — a ponta do telhado
Se revira como a mão da bailarina
Chinesa —
A loja de barros: tigelas e cestos empilhados
Cheira a palha e a barro
Aroma de hortelã cheiro a vinho entornado
Junto ao sol excessivo a penumbra fina.

A HERA

A meticulosa beleza do real
Onda após onda pétala a pétala
E através do pano branco do toldo
A sombra aérea da hera
Tecedora incessante de grinaldas.

Maio 97

Sophia de Mello Breyner Andresen

BEIRA-MAR

Mitológica luz da beira mar
A maré alta sete vezes cresce
Sete vezes decresce o seu inchar
E a métrica de um verso a determina
Crianças brincam nas ondas pequeninas
E com elas em brandíssimo espraiar
Em volutas e crinas brinca o mar

Outubro 97

ALCÁCER DO SAL

A sombra azul da palavra moira
O branco vivo da palavra sal.

VENEZA

Prólogo de uma peça de teatro

O Búzio de Cós

Esta história aconteceu
Num país chamado Itália
Na cidade de Veneza
Que é sobre água construída
E noite e dia se mira
Sobre a água reflectida.

Suas ruas são canais
Onde sempre gondoleiros
Vão guiando barcas negras
Em Veneza tudo é belo
Tudo rebrilha e cintila

Há quatro cavalos gregos
Sobre o frontão de S. Marcos
E a ponte do Rialto
Desenha aéreo o seu arco
Em Veneza tudo existe
Pois é senhora do mar

Dos quatro cantos do mundo
Os navios carregados
Desembarcam no seu cais
Sedas tapetes brocados
Pérolas rubis corais
Colares anéis e pulseiras
E perfumes orientais

Cidade é de mercadores
E também de apaixonados
Sempre perdidos de amores
E cada dia ali chegam
Persas judeus e romanos
Franceses e florentinos
Artistas e bailarinos
E ladrões e cavaleiros

Aqui só há uma sombra
As prisões da *Signoria*
E os esbirros do *doge*
Que espiam a noite e o dia
De resto em Veneza há só
Dança canções fantasia

Cada ano aqui se tecem
Histórias tão variadas
Que às vezes até parecem
Aventuras inventadas

Por isso aqui sempre digo
Que Veneza é como aquela
Cidade de Alexandria
Onde há sol à meia-noite
E há lua ao meio-dia (*)

(*) Os últimos 3 versos são da tradição popular.

ÍNDICE

Goa   7
Arte Poética   8
Métrica   9
O Búzio de Cós   10
Foi no mar que aprendi   11
Deus escreve direito   12
Era o tempo   13
Homero   14
Hélade   15
Glosa de um texto de Plutarco   16
Ode à memória de Horácio. I   17
Activista cultural   18
Turistas no museu   19
Varandas   20
O Infante   21
Goesa   22
Harpa   23
O poema e a casa   24
À la manière de   25
Olhos   26
No meu país   27

Alentejo *28*
A hera *29*
Beira-mar *30*
Alcácer do Sal *31*
Veneza *35*

OBRAS PUBLICADAS

Poesia

POESIA — 1.ª ed., 1944 (da Autora); 3.ª ed., 1975, Ática.
DIA DO MAR — 1.ª ed., 1974, Ática; 3.ª ed., 1974, Ática.
CORAL — 1.ª ed., 1950, Liv. Simões Lopes (esg.); 2.ª ed., Portugália; 3.ª ed., Galeria S. Mamede.
NO TEMPO DIVIDIDO — 1.ª ed., 1954, Guimarães Editores.
MAR NOVO — 1.ª ed., 1958, Guimarães Editores.
O CRISTO CIGANO — 1.ª ed., 1961, Minotauro; 2.ª ed., Moraes Editores.
O LIVRO SEXTO — 1.ª ed., 1962; 6.ª ed., 1985, Edições Salamandra; «Grande Prémio de Poesia da Sociedade Portuguesa de Escritores, 1964».
GEOGRAFIA — 1.ª ed., 1961, Ática; 2.ª ed., 1972, Ática.
ANTOLOGIA — 1.ª ed., 1968, Portugália; 5.ª ed., aumentada com prefácio de Eduardo Lourenço, 1985, Figueirinhas.
GRADES (Antologia de Poemas de Resistência) — 1.ª ed., 1970, Publicações D. Quixote.
DUAL — 1.ª ed., 1972, Moraes Editores; 3.ª ed., 1986, Edições Salamandra.
O NOME DAS COISAS — 1.ª ed., 1977, Moraes Editores; 2.ª ed., 1986, Edições Salamandra; «Prémio Teixeira de Pascoaes, 1977».

NO TEMPO DIVIDIDO E MAR NOVO — Edição revista e ampliada: 1985, Edições Salamandra, 2.ª ed.
NAVEGAÇÕES — Imprensa Nacional; s/d; 2.ª ed., 1996, Editorial Caminho.
POEMAS ESCOLHIDOS — Círculo de Leitores.
ILHAS — 1990, Texto Editora.
OBRA POÉTICA I — 1.ª ed., 1990; 2.ª ed., 1991, Editorial Caminho.
OBRA POÉTICA II — 1991, Editorial Caminho.
OBRA POÉTICA III — 1991, Editorial Caminho.
MUSA — 1.ª ed., 1994; 3.ª ed., 1997, Editorial Caminho.
O BÚZIO DE CÓS E OUTROS POEMAS — 1.ª ed., 1997; 2.ª ed., 1998, Editorial Caminho.

Prosa

CONTOS EXEMPLARES — 1.ª ed., 1962, Moraes Editores; 20.ª ed., Figueirinhas.
HISTÓRIAS DA TERRA E DO MAR — 1.ª ed., 1984; 2.ª ed., 1984, Edições Salamandra; 3.ª ed., 1989, Texto Editora.

Edições em língua estrangeira

IL NOME DELLE COSE (Introdução e tradução de Carlo Vittorio Cattaneo) — 1983, Fogli di Portucale, Itália.

MÉDITERRANÉE (Tradução e prefácio de Joaquim Vital) — 1980, Éditions de la Différence, Paris, França.
IL SOLE IL MURO IL MARE — 1987, Japadre, França.
MARINE ROSE (Selected Poems) (translated by Ruth Fainlight) — 1988, Black Swan Books, Ltd, EUA.
NAVIGATIONS — 1988, Éditions de la Différence, Paris, França.
CONTES EXEMPLAIRES — 1988, Éditions de la Différence, Paris, França.
HISTOIRES DA LA TERRE ET DE LA MER — 1990, Éditions de la Différence.
RACCONTI EXEMPLARI — 1993, Edizione Puglia Grafica Sud, Bari, Itália.
MEMORIA — 1995, n.º 25 da Colecção Les Ducats, Éditions Internationales Euroeditor, Grão-Ducado do Luxemburgo.
ITACA E LE ALTRE — 1995, Piovan Editore, Itália (Prémio Letterario Nazionale Francesco Petrarca).
LA NUDITÉ DE LA VIE — 1996, L'Escampette, Bordeaux, França.
POEMAS DE SOPHIA — 1995, Edição do Instituto Cultural de Macau e da Editora Montanhas das Flores (edição bilingue chinês-português).

Contos para crianças

A MENINA DO MAR — 1.ª ed., 1958; 17.ª ed., 1984, Figueirinhas.
A FADA ORIANA — 1.ª ed., 1958; 12.ª ed., 1983, Figueirinhas.
O CAVALEIRO DA DINAMARCA — 1.ª ed., 1964; 21.ª ed., 1984, Figueirinhas.
O RAPAZ DE BRONZE — 1.ª ed., 1956, Minotauro; 5.ª ed., 1978, Moraes Editores.
A FLORESTA — 1.ª ed., 1968; 16.ª ed., 1983, Figueirinhas.
NOITE DE NATAL — 1.ª ed., 1960, Ática.
ÁRVORE — 3.ª ed., 1987, Figueirinhas.

Ensaio

CECÍLIA MEIRELES — 1958, in «Cidade Nova».
POESIA E REALIDADE — 1960, in «Colóquio 8».
O NU NA ANTIGUIDADE CLÁSSICA — 1975, in *O Nu e a Arte*, Estúdios Cor, 2.ª ed., Portugália; 3.ª ed., 1992, Editorial Caminho.

Traduções

A ANUNCIAÇÃO A MARIA (Paul Claudel) — 1962, Aster.
O PURGATÓRIO (Dante) — 1962, Minotauro.
HAMLET (W. Shakespeare) — 1987, Lello Editores.

MUITO BARULHO POR NADA (W. Shakespeare) — 1964 (inédito).
MEDEIA (Eurípedes) (inédito).
QUATRE POÈTES PORTUGAIS (Camões, Cesário Verde, Mário de Sá-Carneiro, Fernando Pessoa) — 1970, Presses Universitaires de France e Fundação Calouste Gulbenkian, 2.ª ed.